M000207983

PROPERTY OF

____

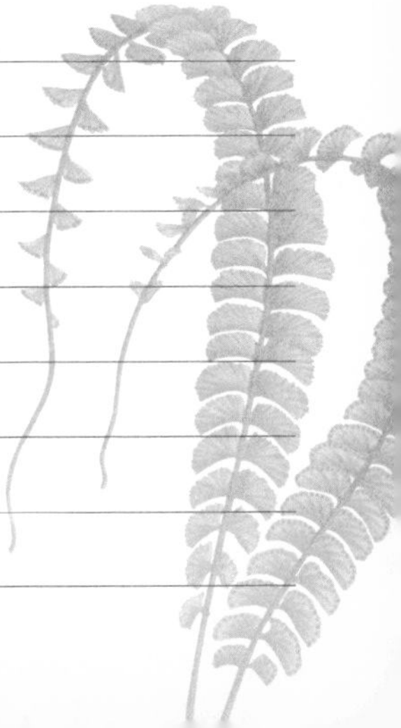

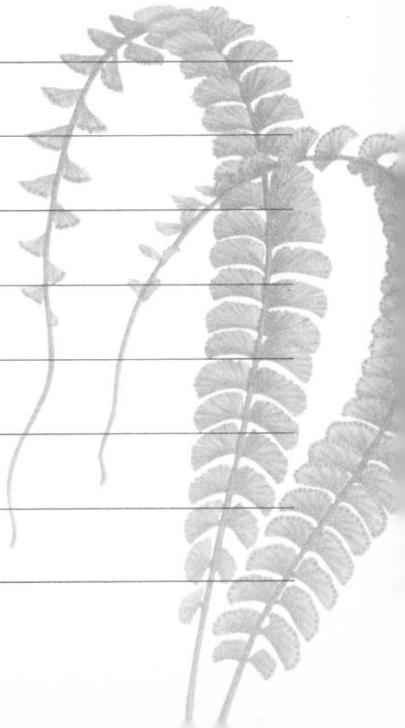

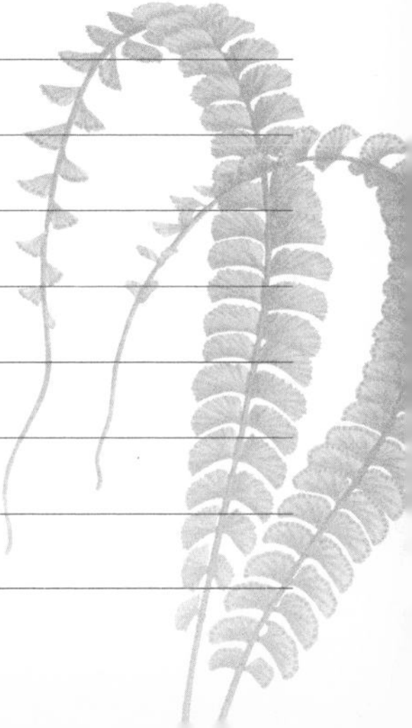

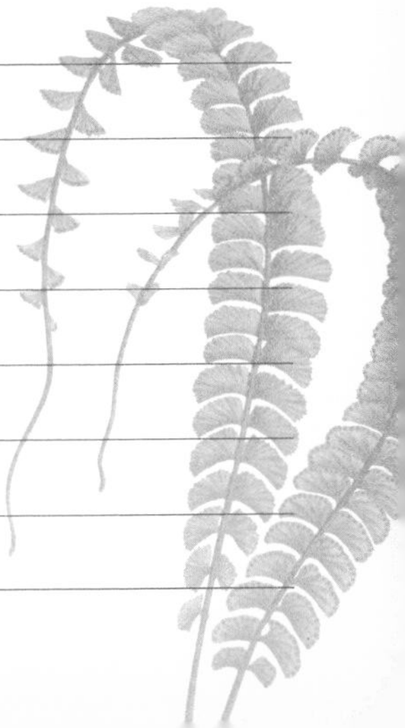

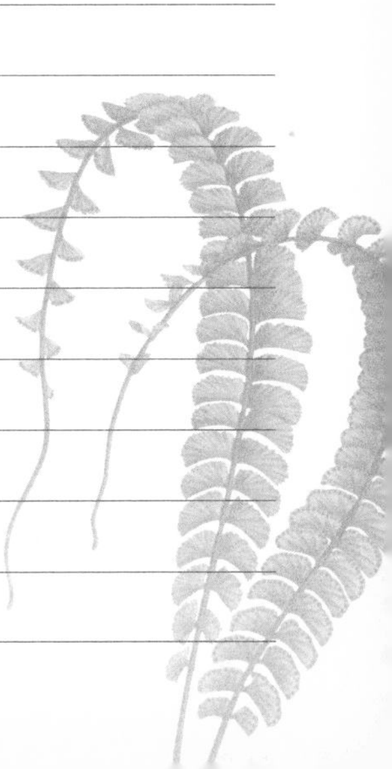